BEI GRIN MACHT SICH IHR
WISSEN BEZAHLT

- Wir veröffentlichen Ihre Hausarbeit,
  Bachelor- und Masterarbeit

- Ihr eigenes eBook und Buch -
  weltweit in allen wichtigen Shops

- Verdienen Sie an jedem Verkauf

Jetzt bei www.GRIN.com hochladen
und kostenlos publizieren

Ausdauertraining, Planung des Mesozyklus für eine männliche Person

Mit Literaturrecheche

Moritz Dittmer

Bibliografische Information der Deutschen Nationalbibliothek:

Die Deutsche Nationalbibliothek verzeichnet diese Publikation in der Deutschen Nationalbibliografie; detaillierte bibliografische Daten sind im Internet über http://dnb.d-nb.de abrufbar.

ISBN: 9783346581587
Dieses Buch ist auch als E-Book erhältlich.

Druck und Bindung: Books on Demand GmbH, Norderstedt Germany
Gedruckt auf säurefreiem Papier aus verantwortungsvollen Quellen

Das vorliegende Werk wurde sorgfältig erarbeitet. Dennoch übernehmen Autoren und Verlag für die Richtigkeit von Angaben, Hinweisen, Links und Ratschlägen sowie eventuelle Druckfehler keine Haftung.

Das Buch bei GRIN: https://www.grin.com/document/1168329

Deutsche Hochschule für

Prävention und Gesundheitsmanagement

Hermann Neuberger Sportschule 3

66123 Saarbrücken

Einsendeaufgabe

Fachmodul:	Trainingslehre 2
Studiengang:	Fitnessökonomie
Datum Präsenzphase:	14.12.-16.12.2020
Name, Vorname:	Dittmer, Moritz
Studienort:	**Köln**
Semester:	**WS 2019**

Inhaltsverzeichnis

1 Diagnose

1.1 Allgemeine und biometrische Daten

Bei einem Vorabgespräch wurden alle relevanten Daten des Probanden, die im weiteren Verlauf der Trainingsplanung benötigt werden, erfragt. Die Daten sind in der folgenden Tabelle dargestellt.

Tab. 1 Allgemeine Daten der Testperson

Alter	21 Jahre
Geschlecht	Männlich
Körpergröße	1,90 m
Körpergewicht	86 kg
Trainingsmotive	Fettreduktion, Verbesserung der Fitness, Förderung der Gesundheit
Berufliche Tätigkeit	Dualer Student Fitnessökonomie
Sportliche Aktivitäten	Seit 16 Jahren Fußball im Sportverein (2 Trainingseinheiten die Woche), seit 5 Jahren Fitness im Fitnessstudio (3-4 Einheiten in der Woche), Joggen in der Natur (ca. 1mal die Woche für 7-10 km)
Zeitlicher Verfügungsrahmen	3 Trainingseinheiten pro Woche Bzw. 5 Stunden pro Woche

Um bei der Testperson mögliche Risiken auszuschließen wurden Tests durchgeführt um die biometrischen Daten der Peron zu ermitteln. Außerdem helfen die nachfolgenden Ergebnisse zur Einschätzung der Trainierbarkeit und bei der Auswahl eines geeigneten Testverfahrens.

Tab. 2 Biometrische Daten der Testperson

Blutdruck	systolischer Druck 128 mmHg diastolischer Druck 82 mmHg
Ruhepuls	63 S/min
Körperfettanteil (BIA Messung)	15,5%
Einnahme von Medikamenten	keine
Gesundheitszustand	Keine Gesundheitlichen Einschränkungen

Tab. 3 Definition und Klassifikation der Blutdruckstufen (mm Hg) (Haller, 2006)

Kategorie	Systolischer Druck (mmHg)	Diastolischer Druck (mmHg)
Optimal	< 120	< 80
Normal	120–129	80–84
Noch normal	130–139	85–89
Stufe-1-Hypertonie (mild)	140–159	90–99
Stufe-2-Hypertonie (mittel)	160–179	100–109
Stufe-3-Hypertonie (stark)	≥180	≥110

Der Proband weist einen Blutdruck von 128mmHg Systolischen Druck zu 82mmHg diastolischen Druck auf. Dieses Blutdruck Verhältnis kann, nach Professor Dr. med. Hermann Haller (2006), der Kategorie des normalen Blutdrucks zugeordnet werden. Der Ruhepuls von 63 Schlägen pro Minute ist ebenfalls im Normalbereich, zwischen 60 und 80 S/min einzuordnen. (Weineck, 2003)

1.2 Leistungsdiagnostik/Ausdauertestung

1.2.1 BEGRÜNDUNG DER AUSWAHL DES VITA-MAXIMA-TESTS

Zur Leistungsdiagnostik wird in diesem Fall der Vita-Maxima-Test verwendet. Da die Testperson seit über 10 Jahren aktiv Fußball spielt und selber regelmäßig Ausdauertraining absolviert, kann davon ausgegangen werden, dass sie einen guten Leistungsstand besitzt und somit für die Vita-Maxima-Testung geeignet ist. Außerdem weist der Proband gute, beziehungsweise normale, Werte beim Blutdruck und beim Ruhepuls auf (siehe Tab. 2).

Der WHO-Test kommt nicht in Frage, da dieser Test eher für untrainierte, ältere oder übergewichtige Personen geeignet ist. Die Hollmann und Venrath Testung kommt ebenfalls eher nicht in Frage. Hier besteht die Gefahr, dass der Proband beim Erreichen der vorher festgelegten Pulsobergrenze nicht an seiner maximalen Auslastung angekommen ist.

1.2.2   Durchführung Vita-Maxima-Test

Tab. 4 Vita-Maxima-Test

Vita-Maxima-Test			
Geschlecht:	Männlich	Eingangsbelastung:	50 Watt
Alter:	21 Jahre	Belastungssteigerung:	50 Watt
Gewicht:	86kg	Stufendauer:	3min
Ruhepuls	62 S/min	Trittfrequenz:	80-100 U/min
Leistungsstufe:	Gut trainierter Sportler	Ausbelastung:	Min. 179 S/min
Testprotokoll			
Zeit (min)	Belastung (Watt)	Herzfrequenz 1	Herzfrequenz 2	Herzfrequenz 3
1-3	50	109 S/min	113S/min	117 S/min
3-6	100	121S/min	125 S/min	130 S/min
6-9	150	134 S/min	137 S/min	140 S/min
9-12	200	145 S/min	149 S/min	154S/min
12-15	250	160 S/min	164S/min	167 S/min
15-18	300	172 S/min	176 S/min	179 S/min
18-21	350	183 S/min	189 S/min	194 S/min
21-24	400	Abbruch wegen muskulärer Erschöpfung		

1.2.3   Bewertung des Testergebnisses

Tab. 5 Auswertung Vita-Maxima-Test

Auswertung	
Belastung:	350 Watt
Testgröße:	350Watt/86kg=4,1 Watt/kg Körpergewicht
Ausbelastung:	194 S/min

Der Vita-Maxima-Test wurde nach der 21. Minute wegen muskulärer Erschöpfung been-
det. Somit hat die Testperson die Endleistung von 350 Watt erreicht, was einer Soll-Watt-
Leistung von ca. 4,1 Watt pro Kg Körpergewicht entspricht.

Die Testperson kann demnach in die Kategorie des Freizeit- bzw. Breitensportler einge-
ordnet werden. (Kindermann, 1987)

1.3 Gesundheits- und Leistungsstatus der Person

Die Testperson weist einen Gesundheitszustand ohne orthopädische und internistische Probleme, sowie anderen gesundheitlichen Einschränkungen auf. Außerdem liegen die Blutdruck- und Ruhepulswerte in einem guten Normalbereich. Im Zusammenhang mit der Soll-Watt-Leistung von 4,1 Watt/Kg Körpergewicht und den aktuellen sportlichen Aktivitäten kann man den Probanden als trainierten Freizeitsportler einstufen. Als Schlussfolgerung zur Belastbarkeit, kann davon ausgegangen werden, dass die Person vollbelastbar bzw. trainierbar ist.

2 Zielsetzung/Prognose

Tab. 6 Zielsetzungen

Inhalt	Ausmaß	Zeit
Körperfettreduktion	Um 2%	8 Wochen
Verbesserung der Soll-Watt-Leistung (Vita-Maxima-Test)	von 4,1 auf 5,0 Watt/ kg KG	12 Wochen
Senkung des Ruhepuls	Von 63 auf 58S/min	6 Wochen

Das erste Ziel bzw. der Wunsch des Kunden ist eine Körperfettreduktion. Das Ausmaß wurde auf nur 2% Körperfett festgelegt, da die Testperson zum jetzigen Zeitpunkt einen Körperfettanteil im unteren Normalbereich von 15 % hat, was bereits ein sehr guter und gesunder Wert ist. (Dympna Gallagher, 2000) In einem Zeitraum von 8 Wochen ist eine Körperfettreduktion von 2% ein realistisches Ziel.

Das zweite Ziel ist die Verbesserung der Soll-Watt-Leistung von 4,1 auf 5 Watt/kg Körpergewicht in einem Zeitraum von 12 Wochen. Der Kunde hat zum einen das Motiv seine allgemeine Fitness zu verbessern, zudem spielt er aktiv im Fußballverein. Eine Zunahme der Soll-Watt-Leistung auf das Niveau eines Ausdauersportler kommt der Leistungsfähigkeit beim Fußball zugute.

Das letzte formulierte Ziel ist die Senkung des Ruhepuls von 63 auf 58 S/min, der Zeitraum wurde auf 6 Wochen festgelegt. Die Testperson hat momentan einen Ruhepuls im guten Normalbereich, dennoch kommt ein niedriger Ruhepuls der Gesundheit positiv zugute. (F. Custodis, 2014)

3 Trainingsplanung Mesozyklus

3.1 Grobplanung Mesozyklus

Tab. 7 Mesozyklus (Ziel: Verbesserung der Soll-Watt-Leistung)

Mesozyklus (Ziel: Verbesserung der Soll-Watt-Leistung)	
Mesozyklusdauer:	6 Wochen
Trainingsziel:	• Entwicklung der Grundlagenausdauer • Stabilisierung der Grundlagenausdauer
Belastungsumfang/Woche:	2-4 Stunden
Trainingsmethoden:	• Extensive Dauermethode • Intensive Dauermethode • variable Dauermethode
Trainingsintensitäten:	• 50-60% Hf_{max} (regenerativ) • 60-75% Hf_{max} (extensive) • 70-85% Hf_{max} (variabel) • 80-85% Hf_{max} (intensive)
Trainingshäufigkeit/Woche	2-3-mal
Dauer pro Trainingseinheit:	• 40 min (regenerativ) • 40-90 min (extensiv) • 40-50 min (variabel) • 45-50 min (intensiv)
Trainingsgeräte:	Laufband, Individuell (Wald, Laufbahn, Asphalt)

3.2 Detailplanung Mesozyklus

Tab. 8 Mesozyklus Detailplanung

Woche 1	Mo	Mi	Fr	Wo. 2	Mo	Mi	Fr
Tr.-Ziel	GA1	GA1	GA1/GA2		GA1	GA1	GA2
Tr.-Methode	Extensive DM	Extensive DM	Variable DM		Extensive DM	Extensive DM	Intensive DM
Tr.-Intensität	60-65% Hf_{max} 119-129 S/min	70-75% Hf_{max} 139-149 S/min	70-75%/ 80-85 Hf_{max} 139-149/ 159-169S/min		70-75% Hf_{max} 139-149 S/min	60-65% Hf_{max} 119-129 S/min	80-85% Hf_{max} 159-169 S/min
Tr.-Dauer	55 min	60 min	40 min (5:5)		60 min	65 min	45 min
Tr.-Gerät	Laufband	Laufen (Individuell)	Laufband		Laufband	Laufen (Individuell)	Laufband
Woche 3	Mo	Mi	Fr	Wo. 4	Mo	Mi	Fr
Tr.-Ziel	REKOM	GA1	GA1/GA2		GA1	GA1	GA1/GA2
Tr.-Methode	Extensive DM	Extensive DM	Variable DM		Extensive DM	Extensive DM	Variable DM
Tr.-Intensität	50-60% Hf_{max} 89-107 S/min	60-65% Hf_{max} 119-129 S/min	70-75%/ 80-85% Hf_{max} 139-149/ 159-169S/min		65-70% Hf_{max} 129-139 S/min	70-75% Hf_{max} 139-149 S/min	75-80%/ 80-85% Hf_{max} 149-159/ 159-169S/min
Tr.-Dauer	40 min	50 min	40min (10:10)		70 min	60 min	45min (5:5)
Tr.-Gerät	Fahrradergometer	Laufen (Individuell)	Laufband		Laufband	Laufen (Individuell)	Laufband
Woche 5	Mo	Mi	Fr	Wo. 6	Mo	Mi	Fr
Tr.-Ziel	GA1	GA1	GA2		REKOM	GA1	GA1/GA2
Tr.-Methode	Extensive DM	Extensive DM	Intensive DM		Extensive DM	Extensive DM	Variable DM
Tr.Intensität	70-75% Hf_{max} 139-149 S/min	65-70% Hf_{max} 129-139 S/min	80-85% Hf_{max} 159-169 S/min		50-60% Hf_{max} 89-107 S/min	65-70% Hf_{max} 129-139 S/min	70-75%/ 80-85% Hf_{max} 139-149/ 159-169S/min
Tr.-Dauer	80 min	65 min	50 min		40 min	50 min	40min (10:10)
Tr.-Gerät	Laufband	Laufen (Individuell)	Laufband		Fahrradergometer	Laufen (Individuell)	Laufband

3.3 Begründung Mesozyklus

Bei dem für sechs Wochen ausgelegten Mesozyklus liegt der Trainingsschwerpunkt auf der Entwicklung und Stabilisierung der Grundlagenausdauer. Dieser Trainingsschwerpunkt soll zur Verbesserung der Soll-Watt-Leistung des Probanden führen und ihn langfristig auf das Niveau eines Ausdauersportlers bringen.

Der Belastungsumfang pro Woche wurde, aufgrund der verfügbaren Zeit der Testperson auf minimal zwei bis maximal vier Stunden pro Woche begrenzt. Aufgeteilt wird der Belastungsumfang in jeder Woche auf drei Tage. Die Trainingstage sind Montag, Mittwoch und Freitag.

Die Trainingshäufigkeit von 3 Trainingseinheiten pro Woche wurde einerseits gewählt, da der Kunde bereits als Breiten- und Fitnesssportler eingestuft werden kann. Somit sollte er eine ausreichende Leistungsfähigkeit besitzen um von Anfang an mit drei Trainingseinheiten pro Woche zu starten. Dazu kommt, dass sich, laut Wenger (1986) Freizeitsportler mindestens dreimal die Woche im Ausdauerbereich betätigen sollten, um deutliche Leistungszuwächse zu verzeichnen.

Andererseits schafft die Testperson aus zeitlichen Gründen maximal drei Trainingseinheiten die Woche, was es nicht möglich macht, die Anzahl der Trainingseinheiten im Verlauf des Mesozyklus zu erhöhen.

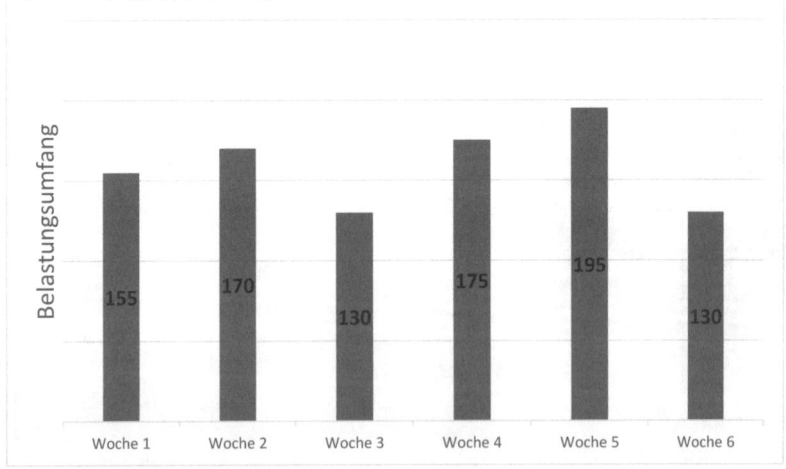

Abb. 1 Steigerung des wöchentlichen Belastungsumfanges

Der Belastungsumfang pro Woche erhöht sich wie man in der Abb. 1 erkennen kann, von anfänglich 155 Minuten auf maximal 195 Minuten Trainingszeit. Innerhalb dieses sechs wöchigen Mesozyklus wurde ein Be-Entlastungsverhältnis von 2:1 gewählt. In der ersten und zweiten Woche erfolgt eine Zunahme der Belastung, was zum Aufbau bzw. Weiterentwicklung der Grundlagenausdauer dienen soll. Die dritte Woche dient mit einem reduzierten Belastungsumfang zur Stabilisierung Grundlagenausdauer und zudem zur Regeneration. In Woche vier und fünf erfolgt dann wieder eine Zunahme der Trainingszeit und auch der Intensität pro Woche, ehe in Woche sechs der Belastungsumfang wieder reduziert wird.

Das Be-Entlastungsverhältnis von 2:1 wurde aus dem Grund gewählt, da dies der Erste Mesozyklus des Kunden ist. So soll die Testperson sich an die Steigenden Belastungen gewöhnen können, bei nachfolgenden Mesozyklen kann das Be-Entlastungsverhältnis noch auf 3:1 gesteigert werden.

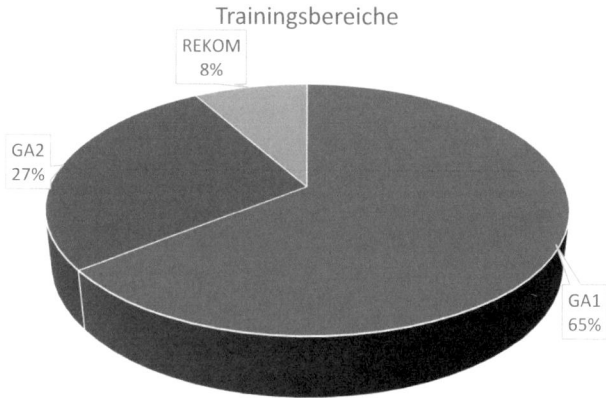

Abb. 2 Trainingsproportionen der einzelnen Trainingsbereiche

Die Trainingsproportionen der einzelnen Trainingsbereiche sind zu 73% im Grundlagenausdauerbereich 1 (GA1), zu 27% im Grundlagenausdauerbereich 2 (GA2) und zu 8% im Regenerations- und Kompensationsbereich (REKOM). Der Trainingsbereich GA1 bildet das Fundament des Mesozyklus, hier bildet die Extensive Dauermethode die Grundlage. Der GA1-Bereich zeichnet sich durch Laktatwerte an der aeroben Schwelle (AS) von ca. 2mmol/l aus. Da die Belastungsdauer den entscheidenden Trainingsreiz ausmacht wird hier ein großer Trainingsumfang vorausgesetzt. Dieser Trainingsbereich dient zur Stabilisierung der Grundlagenausdauer und zur Erhöhung der Aeroben Leistungsfähigkeit. (G. Neumann, 2007)

Die Einheiten im Grundlagenausdauerbereich 2 sollen, durch die Weiterentwicklung der Grundlagenausdauerfähigkeit und Erhöhung der aerob/anaerobe Leistungsfähigkeit, die Ausdauer auf ein höheres Niveau heben. Der GA2-Bereich weist Laktatwerte von 3-6 mmol/l auf, durch das Überschreiten der aeroben Leistungsfähigkeit wird die Laktattoleranz des Körpers auf ein höheres Level gebracht. In diesem Mesozyklus findet man, die Intensive Dauermethode und die Variable Dauermethode als Trainingseinheiten. (G. Neumann, 2007)

Die Einheiten im REKOM-Bereich sind zur Regeneration, nach Einheiten mit einer großen Belastungsintensität- bzw. dauer, eingeplant, sie erhöhen außerdem die Belastbarkeit für nachfolgendes intensives Training.

Tab. 9 Prozentuale Verteilung der einzelnen Trainingsbereiche

	Wöchentlicher Gesamtumfang	GA1	GA2	REKOM
Woche 1	155	74,19% (115 min)	25,81% (40min)	-
Woche 2	170	73,53% (125min)	26,47% (45min)	-
Woche 3	130	38,46% (50min)	30,77% (40min)	30,77% (40min)
Woche 4	175	74,29% (130min)	25,71% (45min)	-
Woche 5	195	74,36% (145min)	25,64% (50min)	-
Woche 6	130	38,46% (50min)	30,77% (40min)	30,77% (40min)

Die Belastungsprogression findet vor allem beim Belastungsumfang (vgl. Abb. 1) aber auch im Bereich der Belastungsintensität statt. Das Prinzip der progressiven Belastungssteigerung, Häufigkeit vor Dauer vor Intensität, bildet die Grundlage des Mesozyklus. Da es nicht möglich ist die Häufigkeit der Trainingseinheiten pro Woche zu erhöhen, ist es lediglich möglich die Dauer und die Intensitäten anzupassen. In erster Linie wird die Dauer der Trainingseinheiten, beziehungsweise der wöchentliche Gesamtumfang, im Laufe der sechs Wochen von anfänglichen 155 Minuten pro Woche auf maximal 195 Minuten gesteigert. Um eine progressive Belastungssteigerung gewährleisten zu können und ein Übertraining zu vermeiden, liegt die Steigerung der Trainingsdauer pro Woche im Bereich von ca. 10%. (G. Neumann, 2007)

Die Trainingsintensitäten wurden im Laufe des Trainingsplan nur minimal, in den Bereichen der Variablen DM und der Extensive DM, gesteigert.

Die Intensitätsbereiche wurden mittels der Herzfrequenzformel des American College of Sport Medicine (ACSM) berechnet.

Da eine Belastungsintensität von mindestens 60% der maximalen Herzfrequenz als unterste Grenze des trainingswirksamen Reizes verbreitet ist,

liegt der gewählte Intensitätsbereich der Extensiven DM im Bereich der GA1 zwischen 60 und 75% der maximalen Herzfrequenz. (ACSM, 1998)

Im REKOM-Bereich liegt die Trainingsintensität bei nur 50-60% der Hf_{max}. Da in diesen Trainingseinheiten kein Trainingsreiz gesetzt werden soll, sondern lediglich zu einer besseren Regeneration verholfen werden soll, sind hier Trainingsintensitäten unterhalb eines trainingswirksamen Reizes angestrebt.

Bei der variablen Dauermethode ist ein Intensitätsbereich zwischen 70 und 85% der Hf_{max} gewählt worden, da die Belastungsintensität dieser Dauermethode zwischen aerober und anaerober Schwelle (2-4mmol/l) angesteuert werden soll. (G. Neumann, 2007)

Die Intensive Dauermethode weist einen Intensitätsbereich von 80-85% der Hf_{max} auf. Diese Trainingseinheit weist Laktatwerte (4-6mmol/l) knapp unterhalb der anaeroben Schwelle auf und liegt demnach im aerob-anaeroben Übergangsbereich. (G. Neumann, 2007)

Da die Testperson aktiv Fußball spielt, sind vornehmlich Trainingsgeräte beziehungsweise Bewegungsformen, wie das Laufband und Laufen in der Natur oder auf einer Sportanlage ausgewählt worden. Um einen festen Wochenrhythmus, aber auch etwas Abwechslung bei der Bewegungsform zu haben, werden alle Trainingseinheiten am Montag und am Freitag auf dem Laufband absolviert. Alle Einheiten am Mittwoch werden draußen in der Natur oder auf dem Sportplatz durchgeführt.

Dieser Rhythmus bleibt in den Wochen mit Zunahme der Belastung gleich. In den Wochen mit reduzierter Belastung wird die REKOM-Einheit auf einem Fahrradergometer durchgeführt, um eine einseitige Belastung zu verhindern und durch etwas Abwechslung mehr Motivation und Spaß am Training zu erzeugen.

4 Literaturrecherche- Effekte des Ausdauertrainings bei Diabetes mellitus Typ-2

4.1 Studie 1-Kardiovaskuläre Effekte von Ausdauer- versus Krafttraining bei Typ-2-Diabetikern

Tab. 10 Kardiovaskuläre Effekte von Ausdauer- versus Krafttraining bei Typ-2-Diabetikern (K. Edel, 2006)

Wer hat die Studie durchgeführt?	K. Edel, A. Coerdt, D. Koliou, M. Koster, Aufderheide, R. Degenhardt
In welchem Jahr wurde die Studie publiziert?	2006
Welche Forschungsfrage wurde untersucht?	Kann Krafttraining als Alternative zu Ausdauertraining bei Diabetes mellitus Typ-2 empfohlen werden? Wie unterscheiden sich beide Konzepte bezüglich kardiovaskulärer Effekte?
Mit welchen Versuchspersonen wurde die Studie durchgeführt?	32 übergewichtige Typ-2-Diabetiker (17 weibliche, 15 männliche Patienten; Alter: 61,4±9,5 Jahre)
Wie sah der Versuchsaufbau der Studie aus?	Zwei gleichgroße Gruppen wurden gebildet, die entweder 6 Monate lang Ausdauertraining oder Krafttraining durchführten. Training war zwei Mal wöchentlich für je 45 Minuten. Die Ausdauergruppe fuhr bei 50-65% der maximalen Leistungsfähigkeit auf dem Fahrradergometer. Die Kraftgruppe trainierte an 5 Geräten bei 60-80% der Maximalkraft. Zu den Messzeitpunkten, Beginn, nach 3 Monaten und nach 6 Monaten erfolgte eine symptomlimitierte Fahrradergometrie, Bestimmung von HbA1c, Cholesterin, HDL-Chol., LDL-Chol., Triglyzeride im Serum, Kraftmessungen des M. quadrizeps femoris bds. und die Bestimmung des Bodymaß-Index
Welche relevanten Ergebnisse und Schlussfolgerungen lieferten die Studien?	Die Ruheherzfrequenz konnte in beiden Gruppen gesenkt werden (p=0,01). Der systolische Ruheblutdruck wurde positiv, statistisch aber nicht signifikant, beeinflusst. Die Triglyzeride konnten bei guter Ausgangslage weiter gesenkt werden (p=0,04). Gewicht und BMI sanken in beiden Gruppen (p=0,01). Die max. Leistungsfähigkeit (Watt/kg KG) stieg hochsignifikant an (p=0,007). Schlussfolgerung: Es konnten signifikante Effekte bei beiden Trainingsarten auf das Herz-Kreislaufsystem gezeigt werden. Zwischen den beiden Trainingsgruppen finden sich keine signifikanten Unterschiede. Krafttraining stellt eine Alternative zum Ausdauertraining für Typ-2-Diabetiker dar.

4.2 Studie 2-Combined aerobic and resistance exercise improves glycemic control and fitness in type 2 diabetes.

Tab. 11 Combined aerobic and resistance exercise improves glycemic control and fitness in type 2 diabetes (Maiorana A, 2002)

Wer hat die Studie durchgeführt?	Maiorana A, O'Driscoll G, Goodman C, Taylor R, Green D. Department of Human Movement and Exercise Science, The University of Western Australia, Nedlands,
In welchem Jahr wurde die Studie publiziert?	2002
Welche Forschungsfrage wurde untersucht?	Wie wirksam ist ein kombiniertes Ausdauer- und Krafttraining auf die Blutzuckerregulation, Reduktion des Körperfettanteils, kardiorespiratorische Fitness und Muskelkraft beim Patienten mit Typ 2-Diabetes?
Mit welchen Versuchspersonen wurde die Studie durchgeführt?	16 Personen (14 Männer, 2 Frauen) mit einem durchschnittlichen Alter von 52 Jahren **Einschlusskriterien:** Patienten mit Typ 2-Diabetes **Ausschlusskriterien:** Raucher, Patienten mit Nierenfunktionsstörungen oder Proteinurie, Leberfunktionsstörungen, Gicht oder Hyperurikämie, Hypercholesterinämie, arterielle Hypertonie wurden ausgeschlossen
Wie sah der Versuchsaufbau der Studie aus?	Randomisiertes Cross-over-Design mit einer 8-wöchigen Trainingsinterventionsphase und 8-wöchigen Phase ohne Training. Messungen der verschiedenen Parameter zum Beginn der Studie, nach 8 Wochen und nach 16 Wochen.
Welche relevanten Ergebnisse und Schlussfolgerungen lieferten die Studien?	Ein kombiniertes Ausdauer-Krafttraining ist für Patienten mit Typ 2-Diabetes in verschiedener Hinsicht gewinnbringend: Es verbessert die kardiorespiratorische Fitness, die Muskelkraft, die Körperzusammensetzung sowie die Blutzuckerkontrolle und wird von den Patienten gut toleriert.

5   Literaturverzeichnis

ACSM, A. C. (1998). The recommended quantity and quality of exercise for developing and maintaining cardiorespiratory and muscular fitness, flexibility in healthy aduldts. *Medicine and science in sports and exercise*, S. 975.

Dympna Gallagher, S. B. (2000). Healthy percentage body fat ranges: an approach for developing guidelines based on body mass index. *The American Journal of Clinical Nutrition*, 694–701.

F. Custodis, J.-C. R. (2014). Herzfrequenz: klinische Variable und Risikomarker. *CME*, S. 1661.

G. Neumann, A. P. (2007). *Optimiertes Ausdauertraining*. Aachen: Meyer&Meyer.

Haller, P. D. (2006). Definition und Klassifikation der Blutdruckstufen (mm gH).

K. Edel, A. C. (2006). Kardiovaskuläre Effekte von Ausdauer- versus Krafttraining bei Typ-2-Diabetikern. *Diabetologie und Stoffwechsel*. Thieme.

Kindermann. (1987). Ergometrie-Empfehlungen für die ärztliche Praxis. *Deutsche Zeitschrift für Sportmedizin*, S. 244-268.

Maiorana A, O. G. (2002). Combined aerobic and resistance exercise improves glycemic control and fitness in type 2 diabetes. Nedlands, Australia: The University of Western .

Weineck. (2003). *Ausdauertraining. Trainingssteuerung über die Herzfrequenz- und Milchsäurebestimmung*. Balingen: Spitta.

Wenger, B. (1986). The interactions of Intensity, Frequency and Duration of Exercise Training in Altering. *Sports Med*, 346-356.

6 Abbildungs- und Tabellenverzeichnis

6.1 Abbildungsverzeichnis

6.2 Tabellenverzeichnis